AF222813

Laurenz Hildebrandt - Gesang des Wassers

Laurenz Hildebrandt

Gesang des Wassers

Gedichte 2008 - 2009

Books on Demand

Titelbild: Hokusai „Die Welle", © Tushita-Verlag

Herstellung und Verlag: Books on Demand GmbH,
Norderstedt

ISBN: 978-3-8391-2162-7

Inhalt

6

Ich danke allen hier genannten und ungenannten Menschen, die mich begleiteten, Impulse gaben, mich herausforderten, aufwühlten, mich inspirierten und mein Leben so tief und reich erleben lassen. Ohne sie wären die Gedichte nicht entstanden.

Ruhe

Langsam träufelt die Zeit,
Nur Stille fühl' ich um mich.
In mir ruht es so weit
Wie ein See – unbeweglich.

Ich sinke langsam hinein,
Tauche tiefer und tiefer,
Kann eins mit den Wassern sein,
die alles lautlos durchdringen.

Die Wasser, sie ruhen.
Und steig ich tiefer hinein,
Ist Stille und heftiges Wallen,
Ist Ebben und Fluten, kein Fallen,
Ein Strom ohne Mühen –
Da finde ich heute mein Sein.

© *Martina Riedel: Göttin*

10

Göttin

Zum Bild „Göttin" von Martina Riedel

Vor allen Zeiten war ich
Und tanzte vor Freude,
Sterne funkelten um mich
Wie Glockengeläute.

Ich eile und sprühe,
Verweile und glühe,
Bin hier und da und dort,
Bin stets an jeglichem Ort.

Jetzt erschein' ich als Katze,
Schnurr' mit erhobener Tatze.
Oder als tanzender Baum,
Bunt wie im Herbst anzuschaun.
Mit Wurzeln so tief und weit
Zeig ich dir Standhaftigkeit.
Als Kind mit offenen Armen,
Als Schalk mit Herz und Erbarmen.

So wechsle ich stets die Gestalt,
Lebe gefühlvoll die Vielfalt.
Wachse und werde ohne Zwiespalt.
Bin der Geist und die Form
und werde nie alt.

Wehen

Du bist schon immer da gewesen,
Umspieltest wie ein Bach die Steine,
Durchströmst als warmer Sommerhauch
Der Bäume Blätterkleid und auch
Die Hüllen, die ich trage.

Da rührt auch mich dein Wehen
Wie leichter Wind die Blätter streift.
Ich fühl' dich weich und auch so tief -
Es ist, als ob mich eine Stimme rief
Und nun mein Innerstes ergreift.

Mein Herz wird weit und schaut
Und hört den Klang, der so vertraut
Aus allen Welten um mich klingt,
Durch alle Töne und die Stille singt,
Der wie ein Bach um Steine springt
Und tanzend um sich selber schwingt.
Er tritt in jedem Wesen mir entgegen
Und leuchtet warm und auch verwegen
Aus meinen Augen zu dir hin.
Ich fühl die Welt als Braut,
Die jetzt ihr Liebeslied mir singt.

Sinn

Vor mir liegt die Weite
In sanfter Farbenpracht.
In ihr gedeiht die Breite,
Die sich zum Strom entfacht,
Der wild und voller Brausen
Vom Leben singt da draußen.

In träumender Stille
Streift mein starker Wille
Durch alle Steppen hin,
Durchpflügt der Meere Wellen,
Die dunklen Wasser und die hellen
Und singt das Lied vom Sinn.

Wie fließt der Strom so breit,
Umfasst der Wellen Ewigkeit.
Der hohen Töne leichtes Schwingen
Taucht in der dunklen Klänge Singen
Ein und will mit sich verbunden sein.

Zwei Veilchen

Aufrecht steht ihr da, ihr beide,
Seid meinen Augen eine Weide.
Freudig hebt ihr eure Köpfchen,
Keck die Blütenblätter hochgestellt,
Doch eines traget ihr als Zöpfchen,
Das gradewegs nach unten fällt.
Rote Wangen zieren euer weiß' Gesicht,
Ein Erröten, das von Freud' und Liebe spricht.
Stolz steht ihr in eurer Kraft,
Ganz erfüllt vom Lebenssaft.
Täglich zeigt ihr mir die Weise,
Wie ihr offen und stets weise
Des Lebens Atem trinkt -
Bis ihr am Ende eurer Reise
Ins warme Erdenbettchen sinkt.

Doch euer leuchtend Wesen bleibt bestehen,
Das tief in meinem Herzen klingt,
Von Anmut und von Schönheit singt.
Ihr Veilchen werdet nimmermehr vergehen.

So hat das Strahlen von euch beiden -
Die ihr aus Sonnen- und aus ird'schem Licht geboren -
Mir eure Zauberwelt erklärt,
Die mich in meinem Innern nährt:
In fernem Königreiche auserkoren
Seid ihr hierher gesandt,
Um mich in meinem Herzen auszuweiten,
Damit es jenes Reich umspannt,
Aus dem ich ja entstand.
Da find' ich meinen Ursprung wieder
Und singe meine Königslieder,
Die ich in meiner Kindheit hab begonnen.
Nun werden sie voll Freude fortgesponnen.

*In liebendem Andenken an den herzgütigen Blumenphilosoph und
Staudenzüchter Karl Foerster und die blumensingende heitere und
ebenfalls den Blumenwesen dienende Eva Förster, die mir gerade
heute aus der Vergangenheit zuraunten (14.2.2008).
Ja – auch im Dank an ein neues Liebespaar Uschi und Andreas,
das mich die Freiheit und Leichtigkeit wiederentdecken ließ.*

Berg

Du bist der Berg, der sich erkundet
Der sich erklimmt, sich selbst umrundet,
Er findet Tunnel, Täler, Felsgestein,
Des Wasserfalls gewaltig' Fröhlichsein.

Er liegt am Hang mit Sonnenwiesen,
Und kann die Blumenpracht genießen,
Durchstreift der wilden Wälder Leben,
Die in Wonne jeden Sturm erleben,
Die Schutz und freier Tanz in einem
Den Hang entlang zum Gipfel träumen.
Dem Gesang von Erd' und Lüften lauschend
Sich an seinem vollen Sein berauschend
Durchstreift er alle Winkel, Ecken,
Die täglich seine Neugier wecken.

Und auf seiner langen Reise
Gebiert er sich auf neue Weise:
Der Berg, der immer war
und nun sich selber schuf.
Das ist der sanfte Ruf
Der dich als Berg gebar.

(für Andreas)

16

Gesang des Wassers

Ich steige auf aus tiefem Felsengestein,
Ein Raunen und Flüstern aus dunkelstem Sein.
Ich trage in meinem Singen all die Sagen
Der Nacht, der Vergangenheit und auch die Fragen,
Die im Schoße der Erde noch ruhen.

Jetzt stürm' ich zum Gipfel des Berges empor
Und trete in nächtlicher Höhle
Als mächtige, sprudelnde Quelle hervor,
Spring voll Freude in den lichten Tag hinein,
Bin voller Wildheit und Unschuld und rein.

Bin reißendes Wasser, bin fließend und weich,
Hier spreng' ich, dort bin ich moosgrüner Teich.
Da begegne ich in Wildheit dir,
Der du wohnst in den Felsen, Steinen und Klüften:
Du wirfst mich hoch und ich singe in den Lüften.
So gibst du, mein Berg, den Rhythmus mir.

Ich springe plätschernd von Stein zu Stein
Als ein funkelnd verspielter Bach,
Lache in jede Kurve hinein,
Die mich wirbelt unter dein steinig Dach.
Jede Wendung öffnet eine neue Tür,
Jeder Strudel, Widerstand bringt neues Spiel.

Ich stürz' mich hinab als Wasserfall,
Du wirfst mich als Gischt zurück,
So benetze ich dich überall –
Und wir feiern unser Glück!

Jetzt treib' ich als Strom in deinem Bette,
Ganz ruhig - dann rasend um die Wette.
Deine Klippen, Ufer und Bäume
Eröffnen dem Spiel neue Räume.
Ich eile zart schmiegend und reibend voran,
Du schaust mich stets mit neuen Gesichtern an.

Und in meinem ewigen Fließen
Kann ich dich jede Sekunde
Von Neuem als Neuen genießen.
So füllt sich Stunde um Stunde
Der Reichtum in allem.

Und weiter geht's in schnellem Lauf
Zu immer neuen Gestaden.
Ich zeichne stets voller Wonne
Dein Antlitz in meinen Wellen auf
Im glitzernden Licht deiner Sonne,
Um deine Schönheit zu baden.

Und im bunten Reigen werd' ich gewahr,
Dass ich alles begleite – auch unsichtbar.
Ich steige auf als leichte Feuchte,
Benetze dich als Tau und leuchte
Im warmen Sommersonnenschein,
Hüll dich in Regenbogenfarben ein.

Dann stürm' ich als Wolken und Regen herein.
Du Erde, du öffnest dich duftend und dürstend,
Trinkst mich, um voll in der Blüte zu sein.
Ich sink' in all deine Tiefen und Spalten,
Wir werden erneut die Rätsel gestalten.
Dann steige ich dampfend und leicht empor,
So bringen wir unser Leben hervor -
Im Licht und im Schatten.

Wachsen und Rauschen
Halten und Fallen
Festsein und Fliegen
Nie wird's versiegen,
Wenn wir tief lauschen,
Singen und hallen
Was Wasser und Erde
Ganz ohne Beschwerde
Im Herzen uns singen.

An Nils Tannert

Wie Winde Wasser singen lassen
Und Berge Rhythmus geben allen Erdenmassen,
Wie tausend Büffel durch die Steppen stampfen,
Freude, Kraft und Wollust in die Welt verdampfen,
Wie Weichheit, Stärke miteinander ringen,
Von Weisen fremder Länder klingen –
So hör ich Deine Laute strömen,
Die mir Herz und Sinn verwöhnen.
Und vernehm' von ganz tief drinnen,
Wie all' Dein Trachten und Dein Sinnen,
Vom Tanzen deines Lebens kündet,
Das Du in jedem Pulsschlag Deines Herzens findest.

Antigone

Als Antigone wurd' ich geboren,
Mein Name lautet Widerstand.
So war's von meinen Eltern auserkoren.
Doch dies war's, was ich nicht verstand.

In Heiterkeit verbracht' ich meine Jugend,
Die voller Wildheit war und Tugend.
Nur manchmal in der Nacht,
Hab ich an die große Sphinx gedacht.
Sie hat mein Herz so arg beschwert,
In Träumen hab ich sie verehrt.

Erst als mir alles wurde offenbart,
Dass Ödipus mein Vater und mein Bruder war,
Dass seine Mutter ja auch mich gebar,
Da wurde mir der wundersame Name klar.

Ich fühlte nun des großen Schicksals Pochen,
Das meine Ahnen tief ins Herz gestochen.
Der Sohn, der seinen Vater töten sollte,
Der Vater, der die Tat verhindern wollte
Und den Sohn dem Tode übergab.
So schuf der Vater sich sein eigen Grab –
Zuerst im Herzen, dann durch Ödipus' Schlag.

Oh Laios, deine Angst vor fernem Tod,
Sie traf dein Herz und brachte solche Not,
Dass all dein Fühlen du vergaßt
Und im Sohn den Erzrivalen sahst.
Ich spürte Iokastes zerrissenes Herz,
Leidend an des Gatten und des Sohnes Schmerz.

Sie glaubte, das Schicksal zu überlisten,
Als sie das Kind heimlich den Hirten übergab.
Dadurch könnte der Sohn sein Leben fristen,
Während Laios denkt, Ödipus ruhe im Grab.
Keiner konnte Ohnmacht und Hingabe verstehen,
Lieber im Ansturm dagegen zu Grunde gehen.

Ich fühle die wunden Herzen erkalten,
Die sich am Thron, am Leben festgehalten,
Sich so ängstlich, voll Gegenwehr verhalten.
Und nur aus euren Herzen, die gespalten,
Kann sich das grausame Schicksal entfalten,

So spür ich auch Ödipus eilen nach Theben,
Um sich über Vater und Sphinx zu erheben.
Nichts Größeres kannte er als sein Streben,
Zu benennen den Sinn in seinem Leben.
Und wie er das Leben auch drückte und zwang,
Nichts kam heraus, was seiner Liebe entsprang.
Und dennoch war's immer und immer die Liebe,
Für die er einsteckte all die harten Hiebe.

Oh Vater-Bruder, Vater-Mörder,
Verstoß'ner Sohn und Suchender.
Aus deines Vaters Munde hör' ich's klingen
Und fort und fort in deinem Herzen singen,
Dass man mit Macht dem Schicksal kann entrinnen.
Dies wolltet ihr mit meinem Namen weiterspinnen!

Mit offnen Augen gingst du durch die Welt,
Bis das Schicksal, das du suchtest, dich ereilt.
Jetzt willst du nichts mehr davon sehen,
Was du getan, was unbewusst geschehen.
Nur blind bist du bereit und offen,
Auf Erlösung von der Qual zu hoffen.

Oh Vater-Bruder, du bist mir so nah,
Nichts war verkehrt, was je geschah.
Auch wenn sich deine Schreie endlos türmen
Und wild durch meine Eingeweide stürmen.
Ich fühl Dich ganz und steh zu Dir, mein Vater.
Und wenn ich deinen Weg geleite als Berater,
So kann ich doch auf meinem Wege gehen,
Ich muss nicht Dir noch irgend wem entgegenstehen.

Da bin ich frei und spüre alles Schicksal walten,
Ich kann es weder treiben, ändern oder halten.
Du hast mich schauen lassen und gelehrt,
Zu finden, wogegen sich dein Herz gewehrt:

Ich bin das JA zu allem und auch zu meinem Wege,
Das ich in dein Herz und auch zu deinen Füßen lege.
Ich bin das JA, das hinter aller Schuld verborgen liegt,
Das alles neu und voller Mitgefühl zusammenfügt,
Das du nicht vorher weißt, noch planen kannst,
Wenn Du die Welt mit deinem Herz umspannst.

Ich sprech' das JA zur großen Kraft,
Die hinter allem wirkt und schafft,
Die Könige erhebt und lässt bestehen,
Und alle Macht verteilt und lässt vergehen.

Antigone und Ödipus

So führte ich den blinden Vater auf der Reise.
Die tiefen Wunden heilten langsam nur und leise.
Blindheit hat sein Herz, sein Sinnen so geweitet,
Dass all sein Leben in ihm ruhend war.
Da hat der Tod die Flügel ausgebreitet
Und brachte ihm ein holdes Loblied dar.

Dann traf auch mich der Strahl der Macht
Ins Herz und hat die Kraft entfacht,
Den Weg zu gehn, der vor mir stand,
Der mir geschenkt vom Eltern-Land.

Als König Kreon meinen Bruder töten ließ
Und seinen Leichnam schänden wollte,
Indem er ihn im Wüstensand den Geiern überließ,
Und so dem Menschen- und dem Seelenleben grollte,
Da ging ich – trotz Verbot –, ihn zu bestatten
Und legt ihn in der weichen Erde Schatten.

In mir war nur die Menschenehre,
In deren Dienst ich stand.
Ich fühlte keine Macht, die ich begehre,
Noch einen Staat, dem ich sein Recht verwehre.
Ich stand nur da, entblößt und kein Gewand,
Ich sagte JA und reichte dir die Hand.

Ich sprang hinein in des Lebens Lauf
Und nahm auch meinen Tod mit in Kauf.
Nie war ich Opfer noch Sieger,
Nie war ich rächender Krieger.
Ich stehe unbeugsam und fein
Für mich als ganzen Menschen ein.
Da wurd' ich von Kreons Helfern gefangen,

Die mich - ohne zu zögern und zu bangen -
In das dunkelste Felsenloch brachten.
Dort sollt' ich verhungern und schmachten.

Doch Haimon, Kreons Sohn, entdeckte diese Tat,
Die des Sohnes Herz getroffen und zerrissen hat.
Auch in ihm ruft das JA zum Leben,
Er scheute nicht, das seine hinzugeben.

Er hat die kalte, enge Gruft erbrochen,
In der ich schon den nahen Tod gerochen.
So haben wir uns beide dort gefunden,
Und sind, damit wir ganz und gar gesunden,
In ein fernes Land gezogen,
Das unsren Herzen war gewogen.

Die Angst vorm Tod, die unsre Ahnen leitete,
Durch Macht und Widerstand viel Schmerz
                                    verbreitete,
Die Angst, die keinen Weg zum Herzen fand,
Dies Erbe halten wir voll Würde in der Hand,
Denn dadurch habt ihr unsren Weg gebahnt,
Der Leben, Tod und Liebe fest umspannt.
Ihn gingen, gehen wir auf unsre Weise
Und leben ihn als Abenteuerreise.

Abend

Der Abend schwebt herein
So weich und zart mit Amselruf.
Der Tag sinkt in sein warmes Licht
Und hüllt mit farbgem Kleide alles ein,
Als ob die Welt von innen strahle.

Da kehr ich ein in meine Kindheit:
Es ist ein leiser Ruf nach Hause,
Wenn der letzte Laut verklingt
Und nur der Himmel lichtern singt.

Jetzt blick' ich in die Weite
Mit dir an meiner Seite.
Seh' Himmel und Erde sich küssen
In rötlich-zartem Dämmerschein.

Der Tag versinkt,
Die Nacht erklingt
In aller Stille
Und raunt die Rätsel mir
In großem Schweigen zu.

Da fühl' ich, wer ich bin,
Spür' alles voller Sinn:
Wie Licht und Schatten zaubern,
Wie Tag noch spricht
Und Nacht schon lauscht
Und Klarheit in Geheimnis taucht.
Wie die Begegnung beider
Mir Nahrung meines Herzens ist
Und Lieder in die Seele haucht.

Zwei Seelen

„Zwei Seelen wohnen ach in meiner Brust",
Die sich vereinen wollen.
Der Weg dorthin, bereitet er nicht Lust?
Doch beide Seiten grollen.
Sie nehmen mich auf *ihre* Reise,
Bis ich entdecke eine Weise,
dass sie mir täglich Reichtum geben:
Beide sind in ihrer Tiefe Wunder,
Die wie zwei Blüten einer Blume leuchten.
Drum verlass' ich all' des Urteils Plunder
Und lasse ihre Fäden weiter weben.
Jetzt lächeln meine Augen, auch die feuchten.
Ich blicke auf den langen Weg zurück
Und kehre ein in großes Glück.

Das Pergament

Es ist das Pergament,
das alle Freiheit kennt,
das jeden Namen nennt,
nach allem Neuen rennt
und alles spürt, was trennt.

Es ist das Pergament,
das alle Weisheit kennt,
das jede Wahrheit nennt,
durch alle Länder rennt
und alles eint, was trennt.

Es ist das Pergament, das ruht,
und wirklich gar nichts tut.
Es nimmt nur alles an und alles auf,
dann nimmt das Leben seinen Lauf.
Es spricht zu Dir: „Du bist so wahr,
ich bring Dir meine Liebe dar.
Du bist so klar und rein,
wie dunkelroter Wein.
Dein Blut, es gärt und lebt
und während es nach Großem strebt,
wird längst schon dein Geschick gewebt,
das in dir sorgsam ruht,
wie feuerrote Glut,
als Lava sich ergießen will
voll Kraft und auch so still."

Es ist das Pergament,
das all dein Leben kennt,
in deinem Herzen brennt
und deinen Namen nennt.

Es ist das Pergament,
das ihr als Tierhaut kennt,
vom Tierleib hart getrennt,
das Trommlerhände brennt
und alle Zeiten nennt.

Es ist ein Pergament.
Auch meine Haut, die brennt,
wenn's keine Zartheit kennt,
vom Fühlen abgetrennt.

Es ist das Pergament,
das Klang und Worte kennt,
im Herzensrhythmus rennt,
in meine Haut *das* brennt,
dass niemals ich getrennt.

Deine Augen, meine Augen

In Deinen Augen lebt ein Glühen,
Das tausende Vulkane sprühen.
Die große Göttin will hier sprechen,
Und muss zuerst die Mauer brechen!

Bist du bereit für diesen Sturm,
Der bricht auch deinen Turm?
Der alles Feste niederreißt,
Was nicht in Herzensliebe gleißt?

Der von allem dich entblößt,
Der alle deine Fesseln löst?
Der dich in deine Gründe, Deine Weite wirft
Und stets nach deinem tiefsten Lachen schürft?

Der deine ganze Schönheit offenbart,
Die tief in dir schon aufbewahrt?
Bist du bereit für diesen Gott, der Liebe heißt,
Der dir den neuen Weg im Strom der Wonne
                                        weist?

Bist du bereit für diesen Gott,
Der stürmend zu dir eilt,
Für ihn, der längst in deinem Herzen weilt?
Bist du bereit für diesen Gott?

Bist du bereit, dass deine Göttin sich enthüllt
Und alle Welt mit ihrer Größe, Schönheit füllt?
Wohlan – so lasse es geschehen,
Lass all' die welken Wunden gehen!

Fühle, wenn der Ruf dein Herz berührt,
Dich zart und leise, und dann im Sturm entführt!
Dann sei bereit...

Meine Sinne

Weinen -
und ich ersticke nicht mehr
an meiner Liebe.

Lachen -
und ich fliege
auf meiner Freude.

Empfinden -
und ich erfahre
die Nähe aller Wesen und Dinge.

Fliegen -
und ich erlebe
die Weite hinter allen Horizonten.

Tauchen -
und ich finde
die Tiefen meiner Quelle.

Verneigen -
und ich gewinne
meine Größe im Leben.

Lieben -
und ich entdecke
meinen Grund:
Ich liebe – also bin ich.

Nebelträume

Nebel schweigt in Bergen, Wäldern,
Nebel liegt auf Klippen, Feldern.
Stille kreist auf ihren Bahnen,
Lässt den nächsten Schritt nur ahnen.

Tastend, spürend suche ich den Weg.
Ist es Pfad am Abhang oder Steg,
Der mich über tiefe Schlünde führt?
Wird mir gnadenvoll der Blick verwehrt?

Schweigen, aller tiefste Stille.
Daraus ersteigt ein einz'ger Ton,
Vertreibt des Nebels Hülle
Und ich erlang des Weitblicks Lohn:

So weit im Licht mein Auge reicht:
Es sieht vor sich die hohen Berge stehn,
Tief unter sich die schnellen Wasser ziehn
Um Klippen stürmen, die gebleicht.

Da fühl ich unter mir dies Zittern
Von stürmisch-wilden Tag-Gewittern.
Kein Pfad, kein Steg ist unter mir zu sehn,
Im leeren Raum, im Nichts schein ich zu stehn.

Nur dieser Ton, der stetig drängend quillt,
Der Schluchten, Tal und Berge ganz erfüllt,
Nur dieser Ton gibt meinen Füßen Halt,
Der jetzt in meinem Innern widerhallt.

Es ist der Ton, der aus den Bergen dringt,
Der stets des Wassers Fall nach unten zwingt,
Der Wege baut und Schluchten überwindet,
Der Tag für Tag mein Herz zur Tat entzündet.

Es ist der Ton, der Berge steigen lässt,
Der Blütenvielfalt eint zum Farbenfest,
Der jeden Menschen inniglich besingt
Und jedes Wesen zum Erblühen bringt.

Es ist der Ton, der meinen Blick geweitet,
Der meinen Körper singen lässt und leitet.
Der jetzt auch meinem Herzensgrund entspringt
In alle Berge, Täler, Ritzen dringt.

Er hat auch *meine Melodie* entzündet,
Die nun die Welt auf neue Weis' ergründet.
Sie formt mir neue Bahnen, neue Wege,
Die ich gestalte und voll Liebe hege.

Der Nebel selbst war mir ein Lied gewesen,
Den meine Melodie für mich gebar,
Als ich noch nicht so stark und weit mich sah.
Sie ließ durch Dunkel meine Sicht genesen!

36

Angelsword

Ich hab' es tief in mir gehört.
Es rührte mich das Angels-word.
Ich trete in den hellsten Raum
Gefüllt von tiefem Urvertraun.
Da seh' ich mich als mächt'gen Baum
Und kann mich selbst als Ewig schaun.

Durchschreitend Erd- und Himmelreich
Leb' ich in beiden Welten gleich.
Hier wirkt das Wort in wahrer Kraft,
Das alle Welt aus sich erschafft.
Und als ich's tief und tief gehört,
Da ward es mir zum Angel-sword,
Das mich auf meinem Wege führt.
Und als ich selber ganz davon berührt,
Beginnt es fein in mir zu schwingen,
Mein Körper lacht, die Zellen singen,
Dass Kraft und Anmut sich durchdringen.

Dann bin ich selbst ein tanzend Schwert,
Das leicht und völlig unbeschwert
Mit meinem Engel in ein Tanzen sinkt,
Das frei im Rhythmus beider Welten schwingt.

Angelsword wächst in Westaustralien

Belle de nuit (Wunderblume)

In meinen warmen Dämmerschein
Trittst du mit allen Farben ein,
Entfaltest deine ganze Blütenpracht
Und gibst dich hin der Schwärze meiner Nacht.

Ich bin dir Hintergrund der Farbigkeit,
Ich bin Dir Schutz und auch Geborgenheit.
Ich schau aus meinen ew'gen Tiefen,
Entwirr die Rätsel, die dort schliefen.

Ich seh' den Tag in deinen Blüten,
Die all des Lebens Reichtum hüten.
Du bist mein Ziel, du Vielfalt aller Farben,
Ich nehm' dich als Geschenk mit deinen Gaben.

In jeder Nacht sind wir vereint.
Ob Freude lacht, ob Trauer weint.
Du Tag, du küsst mein nächtlich Kleid
Von tausend Sonnen, Sternen übersät.
Ich blick aus der Unendlichkeit,
Die uns die Herkunft stets verrät.

Du träumst aus deinen farbenfrohen Augen
Den lichten Tag in meine weite Welt hinein.
Ich schenk Dir meiner dunklen Wälder Lieder,
Das tiefe Lachen, Tanzen meiner Glieder.

Die Wunderblume (franz. Belle-de-nuit) öffnet am Abend ihre Blüten und schließt sie erst in der Morgendämmerung. Jede Blüte blüht nur eine Nacht. Doch Belle-de-nuit blüht jede Nacht mit vielen immer neuen Blüten und an einer Staude oft mit ganz unterschiedlichen Farben – und das über Monate hinweg.

39

Das Meer

Ich bin eingetaucht in das Meer
Und es dehnte sich, es dehnt mich so sehr,
Dass leicht wird, was schwer.

Die Brandung umspült verspielt alle Felsen und
                                                Steine
Auch meinen Körper, meine Gebeine,
Ich fühle: das Meer bin ich selbst und vereine
Das endlose Meer mit nie endendem Strand
Ich liege ruhend und wiegend in deiner Hand.
Ich bin das weite und unaussprechliche Land.

Dort gleit' ich mit dir in all diese Tiefen,
Wo unsre Schmerzen und Träume noch schliefen.
Wir öffnen hohe Pforten,
An unbekannten Orten,
Wo Schätze noch ruhen und warten
im blaugrünen Unterwassergarten.

Wir tanzen durch wogende Wellen
Durch die dunklen und auch die hellen,
Denn das Meer ist unser wahres Element:
Dort sind wir vereint, nie waren wir getrennt!

(an Soraya)

Heute Nacht

Es hat so gut getan mit Dir heut' Nacht.
Mein Herz, es hat geweint und auch gelacht,
Als wir in innersten Räumen gewacht,
Und mit Zärtlichkeit und liebend und sacht
Unserer träumenden Seelen gedacht.

Und als ich so frisch und so munter erwacht,
Da spürte ich nochmals so stark der Liebe Macht,
Denn sie erleichtert auch die größte Fracht,
Geht hinter jeden Kampf und jede Schlacht.

Sie ruht und ruht, und ruhend entfacht
Sie die sich unendlich bewegende Acht.
Sie nimmt uns auf ihre Wege voll Bedacht...

Und hätte sie nicht so lauthals gelacht,
Ich wäre aus meinen Schlaf nicht erwacht.
So spür ich, dass wahr ist und nichts erdacht,
Was geschah in Deiner und meiner Nacht,
Die durch Tage und Jahre streift,
Aus Vergangenheit und Zukunft in die Gegenwart
reift.

(an Soraya)

41

Meine Ohren weinen ...

Meine Ohren weinen...
Wenn des Meeres harte Brandung
Das Singen meines Meeres übertönt.

Meine Ohren weinen...
Wenn mein Herz so voller Liebe
Die Verzweiflung nicht mehr trägt.

Meine Ohren weinen...
Wenn sich Einsamkeit und Stille
Zum Schlachtgetümmel einen.

Meine Ohren weinen...
Während meine Tränen in den Bauch fallen
Und meine Augen der Welt entgegentrocknen.

Und während meine Ohren weinen...
Steigt jetzt das Meer aus meinem Bauch,
Das all das harte und das weiche Singen
Durch meine Adern jagt.

Und als mein Bauch die Augen hat erreicht,
Ward ich das Meer, das alles in sich birgt:
Den Sturm, die Wildheit der Gezeiten,
Ein Ruhn in meinem Meer,
In meinem Wellengang.

(für Soraya)

An Dich – Soraya

Wie leicht die Luft mich rührt,
Ein Atem, der mich durch und durch berührt!
Und jede Zelle singt, vibriert,
Weil all mein Fühlen nur die Liebe spürt,
Mein ganzes Leben zu Dir führt.

Mein Herz ist ausgebreitet,
Mein Sinnen stetig ausgeweitet.
Darin das kreisend Zentrum spürbar wacht,
Das drehend ruht und freudig lacht,
Als es zu voller Blüt' erwacht.

Da hab ich's tief in mir vernommen,
Ich bin zu Hause angekommen.
Ich ruh' in Dir, ich ruh' in mir,
Ich ruhe in der Weite zwischen mir und Dir.

Oh Haus, so grenzenlos erbaut,
Tausend Zimmer hab' ich drin erschaut,
Unbegrenzt, noch ohne Wände
Formen wir durch uns're Hände
Der Gemächer Farbigkeit und Leben...

Doch Grenzen sind uns auch gegeben,
Sie sind die Würze, fördern das Bestreben
Zu gestalten und zu weben -
Denn ohne Grenze würde es nichts geben,
Was wir berühren könnten. Doch darum eben
Werden wir berührt von alten Mauern, Gassen,
Von der Eigenart, vom Wildwuchs, den wir fassen
Mit der Hände und des Herzens Zärtlichkeit,
Liebkosend Gegensatz und Unterschiedlichkeit.

Wir zeigen uns berührend die eignen Ländereien,
Die bestellten und die unbestellten.
Und jedes wird Geschenk uns zweien:
So ernten wir, indem wir unsre Früchte schenken
Und säen Samen, die der Erde Fülle lenken
Und tauschen unsre reichen Welten.

Zuhause - du bist überall.
Du Stadt, die in mir wohnt.
Du Meer, das in mir wogt.
Du Wald, der in mir rauscht.
Du Wüste, die in mir lauscht.
Du All, das in mir spricht.
Ihr Männer, die in mir wacht.
Ihr Frauen, die ihr in mir weint und lacht.
Du! die in mir brennt,
Die jeden Winkel, jede Regung kennt.

Als Gott bin ich nach Haus gekommen,
Da ich der Göttin Klang vernommen,
Ihr Begehren, Ihre Fülle, Ihre Lust,
Ihre Weisheit, Vielfalt, schöne Brust,
Die Göttin, die Stund' um Stund' sich spürend kosten
                                                      will,
Die voller Sehnsucht sich verzehrt nach dem Gefühl,
Das auch *die* Mauern liebend kost, die tief vergraben,
Um sich endlich ganz an ihrem Sein zu laben.

Ich komme in Dein Heim,
Da bin ich Dein Zuhaus.
Dies ist ein wunderbarer Keim,
Es wächst die schönste Blume draus.

Ich spür in uns den selben Geist,
Der an den Ketten, Fesseln zerrt und reißt,
Die uns an alte Häfen binden,
um unser wahres Sein zu finden.

Ich spür in uns die selbe Lust,
Ja auch den tief verborg'nen Frust,
Die beide uns den Weg nun weisen wollen,
Wenn wir dem Großen hinter beiden Ehrfurcht zollen.

Ich spür in Dir das Anderssein der Lust,
Tief empfangend und auch nährend wie die Brust.
Ich fühl in Dir das wogend' Meer
Und mich als Atem und als Sturm.
Ich senk' mich auf Dich nieder, wühl Dich auf,
Du wirfst Dich mir mit Deiner Gischt entgegen
Du wallst und stöhnst und zeigst mir all Dein Beben
So nimmt der Tanz der Elemente seinen Lauf.
Ich trinke all Dein wildes Meer
Und küsse Dich mit tausend Blitzen.
Oh Donnerhall!
Du singst von Liebe,
Die zwischen Meer und Himmel schallt.

Ich spür die Offenheit der Erde,
Die nach Himmelswasser dürstet
Die in reiner Liebe sich versprüht
In tausend bunten Blumen blüht,
In Feinheit und in Feuerflammen glüht.
Ich sinke in Dich nieder,
Küssend, singend meine Liebeslieder.

Ich führ' Dich in Gemächer,
Die Du mir offenbarst.
Du weitest mich und machst mich groß
Dass ich Deiner Größe ebenbürtig bin.
Ich fühl die Rätsel, das Herz in Deinem Schoß
Rosenblättrig fühlend, unschuldig im Sinn,
Der Schoß, der bebend Welt um Welt bereitet
Und immer tiefer, weiter ahnen lässt,
Was unsre Seelen weitet.

Herzensstab und Schoß, sie flüstern leise,
Sie singen, fühlen, lauschen ihre Weise,
Was Mann und Frau von Anfang an bedingt
Und wie ein spannungsvoller Strom durchdringt.
Der Strom, der alles Sein und Tun durchstrahlt,
Der alle Lust durchflutet,
Der alle Lust gebiert und auch erweitert,
Der alles Leicht macht und erheitert,
Der alles überwältigt, überwindet,
Uns mit dem Großen Pulsschlag tief verbindet.....

Ja

Die Zeiten nach vor
Die Zeiten zurück
Immer gab es das Ja.
Nur im Jetzt war es nicht da.
Und immer ist Jetzt.
Nur der Traum geht nach vor
Der Traum geht zurück.
Und immer ist jetzt das Ja.

Das wächst und Wunden heilt,
Das Wunden zeigt und fühlen lässt.
Das stets in unsern Herzen weilt.
Das eint in Freude und im Schmerz.
Das stärkt, was schwach oder stark.
So verwehen Grenzen, die einst noch starr.

Jetzt spüre ich ein Wanken -
Die Wand, die Fließen hindert –
Nichts, was die Ferne in uns lindert.
Ich ruf', so gut ich kann,
Mein Ja zu Dir und mir und hoffe,
Dass meine Worte um die Mauern ranken
Und meiner Tränen Wasser sie umspülen,
Dass wir uns ohne Wände wieder fühlen-
Wie es Flut und Ebbe stets getan.

Die Zeiten nach vor
Die Zeiten zurück
Immer gab es das Ja.
Nur im Jetzt war es nicht da.
Und immer ist Jetzt.
Nur der Traum geht nach vor
Der Traum geht zurück.
Und immer ist jetzt das Ja.

Felsen in einem See in Birma. Dieses Bild kann nur einmal im Jahr bei einem bestimmten Sonnenstand und speziellen Lichtverhältnissen gesehen werden. Neigt man den Kopf nach links, wird das Ganze sichtbar.

Spiegelnder See

See, Du spiegelst meine Felsen und Buchten,
Meine Größe, meine Bäume und Schluchten.

Mit Dir werde ich ganz, sehe mein Wesen,
Die Teile, die ich immer gewesen:
Die Große Frau und das betende Kind,
Der Weise Mann und das schmerzvolle Kind.

Ohne Dich bin ich nicht weise.
Ohne Dich bin ich nicht groß.
Mit Dir fühlen die Worte, singen ihre Weise.
Mit Dir empfange ich und gebe nicht bloß.

Mit Dir schaue ich durch all' das Beschränkte
Empfange die Liebe, selbst durch das
Gekränkte.
Denn Du wohnst und strömst überall
Und spiegelst mir meinen eigenen Fall.

Wo ich die Liebe der anderen nicht seh',
Bin ich selber blind. Und schau ich in den See,
Merk' ich, dass mir das selbe – nur anders
herum – fehlt.
Das ist's, was ich mir lange Zeit verhehlt.

See, Du spiegelst meine Felsen und Buchten,
Meine Größe, meine Bäume und Schluchten.

Das Werk der Liebe

Uns schälend aus dem engen Stamm,
Um dann zu werden und zu sehen dann,
Was wir schon immer waren –
So lieben wir uns schon seit tausenden von Jahren:
Sind selber dieser wachsend Stamm und stets vereint
(Auch wenn die Seele – dies nicht fühlend – manchmal weint)
Und stehen für das große Werk der Liebe ein:
Ganz Frau, ganz Mann – ein Kräftespiel zu sein,
Das jeden liebend zum Erblühen bringt,
Das jede Fessel, jeden Fels durchdringt,
Im Pulsschlag der Gezeiten, der Ewigkeiten singt.

Hosianna

Es hat sich heut' eröffnet das himmlische Tor,
Wir singen „Hosianna in Excelsior".
Wir sind der liebende lüsterne Engelschor,
Denn Himmel und Erde, sie machen's uns vor:

Winde streichen übers weite Land,
Sonne küsst die Blüten, Wiesen, Sand.
Und von den Pflanzen, Seen, Meeren
Steigt auf holdes und wildes Begehren.
Sie glitzern ihr freudiges Liebesglück
Mit funkelnden Augen dem Himmel zurück.

Böen treiben durch der Bäume Wipfel,
Kosen tanzend Wälder, Berge, Gipfel.
Sturmwind braust voll Kraft und ganz verwegen –
Bebend schäumen Meereswellen ihm entgegen.
Blitze zucken leuchtend fort und fort –
Aus der Erde Innern rollend tönt ihr Wort:
Wellen, Beben, Fluten ist ihr Donnerhall.
Leuchtend Beben: Erd' und Himmel küsst sich
                                        überall.

Wir weben

Wir weben, wir weben das Band
Mit flinker, mit ausdauernder Hand.

Wir weben, wir weben
Und folgen dem Faden
Dem roten und fliegen
Mit Liebe beladen
Die Zeit zu besiegen.

Und eilet das Schiffchen nach vor und zurück -
Durchschwimmend der Kettfäden Netze,
Die ewig gespannt als dauernde Stütze -
Wir weben mit Liebe den Teppich voll Glück.

Wir weben, wir weben das liebende Band
Mit flinker, mit ausdauernder Hand.

Lawrence

Einst fühlte ich tief in mich hinein.
Es sprach: Ich will mächtiger Meister sein,
Um meine hehren Ziele zu erreichen
Und mich nicht ablenken noch erweichen.
So zähmte und bändigte ich meine Begierde,
Und machte den Willen zu allerhöchsten Zierde.

Ich stürmte die Berge empor,
Dort wo ich mein Herz verlor.
Ich tauchte in der Meere Tiefen
Und glaubte, dass mich neue Ziele riefen.
Ich band und schändete meinen Leib –
Der voller Gefühl war wie ein Weib.

Mein Geist besah die unbegrenzte Weite,
Wähnte sich jenseits jeder irdischen Seite.
Denn keine Grenze hielt ihm stand,
Es gab nur Grenzen, die er überwand.

Ich war nur Sturm über dem Land,
Ich flog als Feuersbrunst in die Städte
Ich reichte nur zum Streiten die Hand
Und kämpfte mit den Mächtigsten um die Wette.

Ich ward der Tod im Leben,
Ihn wollt ich allen andren geben!
Da fühlt ich mich den höchsten Zielen nah,
Als ich die Berge meiner Macht vor Augen sah.

Da fiel mein Blick in mich –
Und aller Boden, Halt entwich.
Ich fiel vom Felsen, fiel und fiel,
Kein Ende gab's, kein hehres Ziel.

Nur ein Gedanke schrie in meiner Brust:
Zu früh kam dieser Tod und raubte mir die Lust.
Mein Zorn quoll hoch, durchstrahlte alle Adern,
In mir trat Hass hervor und schwarzes Hadern.

Was war der Fehltritt, dass ich stürzte,
Dass sich mein Leben stark verkürzte?
Ich fiel und fiel – und mich begleitete,
wovon ich mich ein Leben lang entkleidete.

Da schlug ich auf und war schon neu geboren.
Ich hatte dabei insgeheim geschworen,
Dies unschätzbare Od, den Leib zu lieben,
Und dennoch war die Gipfelsucht geblieben.

Da zerrte beides stark und hart an mir
Und trieb mich hin und her in wilder Gier:
Und wenn der Gipfel rief,
Ich gegen jedes Schicksal lief,
Dann zerrte mich die Sinnlichkeit hinab –
Zuerst verstand ich's nur als Grab:
Erneut dies Fallen von der Felsenwand,
Ich unterlag, weil ich es nicht verstand.

Doch auch die Sinne nahmen mich auf ihre Reise,
Sie zeigten Wonne mir und Gipfel.
Und war ich nicht in Acht und nicht mehr leise,
Erhaschte ich nicht mehr als einen Zipfel.

Wandernd wie Ebbe und Flut
Fand ich langsam das Meer.
Es tat meinem Innern so gut,
Es füllte mich, wo ich noch leer.

Da hört' ich jedes Schrein
Tief in meinem Gebein.
Denn aller Menschen Wunden
Zeigen, wo ich mich selbst geschunden.

Das klang aus allen Tiefen
Und macht mir offenbar,
dass ich schon immer beide Teile war.
Das, was ich hasste, folgte mir
Und sah's als Spiegelbild in dir.
Und was ich liebte, konnt' ich nicht fassen
Es konnte mich, ich konnte es nicht lassen.

Ich suchte mich, der beide lieben konnte,
Der tief in meinen Kellerräumen wohnte,
Der die Mauern seines Willens weichen lässt,
Der Kraft und Geist in seine Sinne bläst.

Und der Gezeiten Wellengang
Öffnete mit feinem Wunderklang
Fest verschloss'ne, mächtge Türen,
Die in neue Schlossgemächer führen.

Sie brachten mich in eine Weite, dass ich sah:
Dass ich der Berg mit hohem Gipfel war,
Den ich nicht gefühlt und nicht geschaut,
Den zu erkunden ich mich nie getraut.

Nur Gipfel oder Tal
Nur Liebe oder Qual
Nur Körper oder Wille
Nur Kriege oder Stille
Nur Geist statt Sinnlichkeit...
Immer lag im Schatten *eine* Ewigkeit.

Da trat mir alle Ewigkeit entgegen:
Was jemals war, in mir ist's nun vereint,
Da spürt ich jenen reichen Segen -
So war es immer schon gemeint.

Lawrence II

Als ich mir den Sand aus meinen Augen rieb,
Den mir dein Wüstensturm in alle meine Ritzen trieb...
Da verflog mein Ich. Und als nur Sturm und Wüste übrig blieb,
Die wir nun sind in aller Kraft und wilder Lieb',
Da setzte ich mich hin und schrieb:

Die Quelle wird dir unerschöpflich geben,
Sie schenkt dir Schutz und Kraft im Leben.
Die Quelle gibt und trinkt in großen Zügen
Die Liebe auf allen ihren weiten Flügen.

So küsse ich als Himmel den Reichtum deiner Erde
Mit meinem Strahlen, meiner Wahrheit und ich werde
zum Zelt, das dich mit meinem Herz umspannt.
Ich glühe in der Fülle deiner Liebe
die ich umhege, die dennoch meine Weite ganz umarmt.

Ich öffne dich mit meinem warmen Sonnenstrahl,
du Blüte strahlst das Leben mir entgegen.
Bist dennoch auch die Nacht, die so verwegen
All meine Sonnen ruhen lässt in deinem Schoße.
Und wenn ich ihn im Innersten liebkose
Da fangen unsre Herzen, Körper an zu flammen.
Dann erkenn ich dich und mich zutiefst als Frau und Mann,
Dann erkennt dein Wesen dich als Frau und mich als Mann
So tief, dass wir beide sind zusammen
Und nun das EINE sind - die Schwingung allen Lebens
Der liebe, der Spannung, des Nehmens und des Gebens.

Und dies geschieht, weil du die Göttin wurdest aller deiner Frauen,
Die so bunt, so wild, so schmerzlich und so schön sind anzuschauen.
Weil ich der Männer Weisen in mir fühlen, klingen, wehen lasse.
Des Gottes Kraft in mir verspüre,
Der durch alle meine Teile dringt
Von Größe, auch von Wunden singt.
Und wenn ich dich berühre
Wenn du mich überkommst mit deinem Meer,
Dann fließen tausend Welten hin und her!

(an Soraya)

Wo die Quelle eins ist mit dem Meer

...fließen weiterhin die Flüsse

Berges Stimme

Breit steh ich, weit seh ich
Alles ist unendlich nah.
Himmel, an dich reich ich.
Du bist immer für mich da.

Es schmiegen sich die weichen Wiesen
Als meine Haut und wir genießen
Die Winde, Wetter, die uns streichen.
Ihr Tannen, Lärchen und ihr Eichen:
Ihr seid mir Fühler für die Welt,
Ihr flüstert, rauscht wie's euch gefällt.

Des Windes Atem, des Himmels Regen
Ihr bringt stündlich mir den Segen.
Du formst mich, du wandelnde Zeit,
So ich blick' staunend in die Ewigkeit.

Tief in meinen Klüften, Schluchten,
Wo ewig Schatten weilen,
Da gähnen Tore, aus denen murmelnd
Helle Wasser steigen.
Das, was ich getrunken,
Was tief in mich gesunken,
Steigt freudig sprudelnd nun empor,
Spricht leise durch ein jeglich' Tor:
In den Höhlen und den Gängen,
In den Schluchten, an den Hängen,
In den Wäldern und auf Weiden,
Die mich wundersam bekleiden.

So sing ich bei Tag und bei Nacht,
Ob ich schlaf oder wach,
Vom fröhlichen Tanzen
Vielfarbiger Pflanzen,
Vom nächtlichen Treiben
Wildwüchsiger Eiben,
Vom Rauschen der Eichen,
Wenn Winde sie streicheln,
Von heimlichsten Wesen,
Die jemals gewesen,
Die in Felsen und Bäumen
Ihre Gesichter, Gestalten erträumen.

Von Reichen mit glitzerndem Gefunkel,
Das dir begegnet, wenn es ganz dunkel.
Dort unten, dort wohnet mein Herz,
Es lachet und strömet und scherzt,
Tausend Wasser plätschern und rinnen,
Sie flüstern ganz leis' und sie spinnen
Das Netz meiner fliegenden Lieder
In mein lohendes Baumgefieder.

Mein ganzes Leben leuchtet im Felsengestein,
Gefrorene Glut und spiegelnder Sonnenschein.
Ich bin aus heisser Glut gemacht,
Die stets in meinem Innern wacht.
Mein Leuchten wird daraus entfacht:
Aus meines Bruders Sonne Macht.

Und wie der lange Lauf der Zeit
So weben Wasser, Regen, Sturm
Die Wandlung in mein lebend Kleid.
Hier geb' ich mich hin dem Geschehen,
In dem meine Formen vergehen.
Und bleib stets erhabener Turm,
Säule für Himmel und Erde,
Spannung, aus der jetzt ICH werde.
Ein Geheimnis, das niemand erkennt,
Der Himmel und Erde im Leben getrennt.

Ihr Bäume, mein tanzend Gefieder,
Ihr kündet in dämmriger Nacht,
Was ihr im Mondlicht stets wieder
Aus Licht und aus Schatten gemacht.
Ihr weht das Geheimnis in Höhen hinein,
Hinauf zu meinem kahlen Felsengestein,
Das in seiner uralten Blöße
Erwacht zu seiner wahren Größe.
Hier hör' ich all' eure Stimmen,
Die meine Gipfel erklimmen.

Wie Adler und Falken kreisen
So kreiset mein Ahnen, speisend
Und nistend in altem Gestein.
Hier fliehen die Stürme zu mir
Und reiben an meinem Gebein.
Kämpfend und ringend wandeln wir
In neue Zeitalter hinein.
Ich schüttle mein uraltes Haupt
In stürmischer, heulender Nacht.
Mein Herz, es hat stetig gewacht
Und das Feuer der Liebe entfacht.

Handtaschen

Hinter mir sind die Frauen her –
Denn ich bin der Handtaschen-Räu-Bär...

Ach, ich liebe diese Täschchen
Voller klitzekleiner Fläschchen.
Jede Tasche blinzelt leise,
Singt mir die besond're Weise,
Wie die, die sie besitzet, fühlt und denkt,
Wie diese Frau ihr Leben lenkt.

Und noch viel mehr macht sie mir offenbar:
Wie sie als Weib sich jeden Tag gebar.
Ich sehe ihre Wünsche, Wunden, Spielereien,
Die sonst so tief in ihrem Schoß verborgen
                                    scheinen.

Die trägt sie stolz und ohne Sorgen
Und da so offen, ist's verborgen!
Denn nur wer dieser Schriften kundig ist,
Den unermesslich großen Wert ermisst,
Der im Symbol der Weiblichkeit sich findet.
Darum ihr Männer, lest in ihnen und ergründet,
Wovon die Welt der Fülle kündet.
Es ist kein Ding, das ihr besitzen könnt.
So ist uns Männern es vergönnt,
Dorthin zu führen und nicht zu säumen,
Wovon die Taschen so gewaltig träumen.

Denn jedes Rätsel macht es offenkundig,
Dass auch der Leser selbst ein Rätsel ist,
Der träumend sich zu lösen sucht.
Er wird auf allen Wegen fündig.
Er ist nur da als wachsend süße Frucht.

Weihnachten

Nächtens,
Wenn der weite Wind weht
Aus den blitzend blinkenden Sternen,
Spür ich den Hauch auch Deines Sterns.
Mein Herz weitet sich in alle Fernen
Und trifft Dich, wo die Ewigkeit steht.

Ein jeder wandert
Durch Tage und Nächte im Werden
Als glänzender Stern auf dieser Erden,
Sammelnd und findend, selbst in Narben,
Des eigenen Wesens wundersame Farben,
Den Stoff und die Formen seines Kleides,
Die Früchte und Gefühle des eigenen Leibes.

Denn alles drängt ans Licht,
Was im Dunkeln noch führet,
Will zeigen sein helles Angesicht,
Damit dem weisen Dunkel Ehre gebühret.

Dann wird es geboren das göttliche Kind
Aus dem wehenden Sternen-Wind
In Dir, in mir, in all' den wachenden Herzen –
Darum brennen an Weihnachten so viele Kerzen.

Dann strahlen die Augen aus dem Innen
Als würde ein Lichterbaum in Dir brennen.
Ein Leuchten aus tiefster Wahrheit,
Aus dem tiefen See voller Klarheit.

Das neue Jahr beginnt

Ein wildes Wallen tönt vom nächt'gen Horizont
Es rauscht der Sterne und der Sonnen Sturm.
Nicht weißt Du, was da auf Dich kommt.

Nur rötlich glitzernd Wolken jagen auf Dich zu,
Die Erde liegt noch still und tief in dunkler Ruh'. -
Da trifft der erste Sonnenstrahl den höchsten Turm.

Und Lichterfluten eilen durch das Land.
Was schattig, was noch dunkel war,
Wird plötzlich hell und glitzert klar.

Des Neuen Jahres Lichter-Leben
Beginnt sich langsam zu erheben
Und reicht Dir seine güldne Hand,

Durchströmt die farbenfrohe Welt,
Die alles in ein Spiel aus Licht und Schatten hüllt.
So steigt die Sonne stetig an.

Sie wärmt und bringt mit ihrer Kraft zum Blühen,
Was wachsen will – das tut's auch ohne große Mühen.
Wie auch die Sonne läuft auf ihrer Bahn.

So strömt das Neue Jahr voll Macht in jeden tief hinein,
Lässt Steine, Pflanzen, Menschen voller Lust erbeben.
Ist es das Licht, ist es die Lust, was wir als Wachstum
                                                jetzt erleben?

Das Jahr, es kreist im Außen, kreist im Innen,
Und immer tiefer blicken wir in unser Sein
Und wenn wir's tief in unserm Herzen sinnen,

Fließen wir ins große Meer der Ewigkeit hinein.
Dann wird das Jahr von Neuem nun beginnen:
In jedem Augenblick entsteht ein neues Jahr!

Ich bin die Nacht

Ich bin die Nacht,
Die alle Tränen, alles Lachen in sich birgt.
Die lange Dunkelheit,
So lang, so ewig weit und weich.

Ich bin die Nacht
Von tausend Sonnen stets erhellt,
Die alles Licht in sich enthält,
Die alle Welt aus sich gebiert –
So groß wie Ewigkeit.

Ich bin die Nacht,
Die alles kennt, die alles weiß,
Die jeden Sinn in sich behütet,
Die stets für deine Seele wacht
Und deinen Weg und all dein Sinnen preist.
Ich bin die Nacht.

Ich bin die Nacht vor jedem Tag,
Der nun gebiert, was in mir lag.
In deinen Augen leuchtet alles Sein
Und wärmt die Welt mit deinem Sonnenschein.

Ich bin die Nacht,
Die dich als Schatten stets begleitet,
Die dir dein Seh'n nach innen weitet.
Denn wo dein Strahlen noch nicht war,
War ich schon längst gewesen
Mit meiner Helligkeit,
Die fühlend alles stets durchdrang,
Ein Schauen voller Liebe, voll Gesang.

Ich bin die Nacht,
Das ungeheuer wachsend Potenzial,
Die Fülle aller Wirklichkeit –
Nur deinem Aug' noch unsichtbar.
Ich bin die Nacht...
Ich bin die Nacht, die strahlt!

© *Martina Riedel: Liegender Akt*

Fühlend sinnt der Körper

Fühlend sinnt der Körper
Schweigend spricht der Mund
Meine wilden Lebensbahnen
Tu ich liebend kund.

Nur das Sträuben macht mich wund,
Lässt den Schwung erlahmen.
Sinnend kehr' ich in den Körper ein
Kehr' zurück zu meinem Grund.

Fühlend sinnt der Körper
Schweigend spricht der Mund
Mit der Seele folg' ich rätselhaften Bahnen:
Als ihr klingend Instrument kann ich's erahnen,
Singe ihre Lieder, lebe ihre Kund'.

© *Martina Riedel: Mund*

73

An Dich

Du kamst
Wie der Wind,
Fülle tragend
Aus der Ferne.
Dein Blick enthüllt
Geheimnisse der Fremde.
Nichts kann Dich halten.
Dein Weg eilt
Von Weite zu Weite.

Mit Ästen, Blättern und Steinen
Erwart' ich Dein schwungvolles Kommen,
Dem rauschenden Tanz hingegeben -
Um uns die Vielfalt der Stimmen zu geben,
Was keiner je hätt' alleine vernommen.

Wollt' ich Dich halten,
Du würdest erkalten.
Nähmst Du mich mit,
Wär's ein tödlicher Ritt.

So begegnen wir uns:
In Deinem Wehen
In meinem Stehen
Tanzend unser beider Vergehen.

Freudig lass' ich Dich ziehen,
Nachdem Du mir Deinen Sturm geliehen-
Dein Wehen ist mir Musik und Gesang
Hauch der Unendlichkeit und Klang,
Kuss der Horizonte,
Duft, der in meinen Gliedern wohnte
Und noch in meinen Blättern schwirrt.

Jeden Tag und jede Stunde
Singst Du wehend neue Kunde.
Immer gehst Du
Immer kommst Du
Ständig bist Du anderer Atem:
Kommend bist Du schon gegangen
Verweilst in meinen ach so bangen
Armen, die um Deine Küsse baten.

Atme ich Dein Wehen,
Spür ich mein Vergehen,
Singe Lieder von der Erde,
Wie ich wachse, keime, werde.
Aus Tiefen, die Du nie gesehen,
Schenk ich meine Blätter, Früchte,
Begleite Dich als Blüten-Düfte.
Wachsend werden wir vergehen,
Während wir in allen Zeiten stehen.

Nur wenn wir uns begegnen
Fühlen tanzend wir den Segen:
In bin Dir Baum
In deinem Raum
Ich bin Dir Berg
Auf Deinen Wegen.
Ich bin Dir Ferne und auch Nähe
Dein Flüstern strömt mir allerorts entgegen
Das stets in meinen Kleidern singt,
Durch alle meine Poren dringt.

Wir tanzen unsre Lieder,
Die zu unserm Wesen führen:
Klang von fernen Ländern
Rührt an meinen Blatt- und Felsgewändern,
Treffen sich mit Tiefen,
In denen meine Wurzeln
Alle Himmel in der Erd' berühren.
Dort wo niemals Deine Träume schliefen,
Entlockst Du mir mit Deiner Weite
Den Tanz an Deiner Seite.

Bin ich Dir Berg mit kantigem Gestein,
Gräbst Du Dich wild in meine Furchen ein.
Entlockst den Felsen mein Gesicht
Und bringst Verborgenstes ans Licht.

Ich blick Dir kühn entgegen
Seh' Dein Windgewand erbeben,
Aus Fäden der Vergangenheit gewoben
Vom Sturm der Zukunft schon erhoben.
Zitternd lade ich Dich ein,
In Deiner Gegenwart, das Lied der Welt zu sein.

Bist meine Seele, Du?
Oder Frau oder Mann?
Ach, bist mein Gegenüber!
Und mein Innen!
Ach, bist mir Welt
Ganz da drinnen!

Ich halte Dich

Ich halte Dich...
Wenn Du Deinen Weg gehst
Wenn der Schmerz so groß ist
und Du Dich selbst nicht halten kannst
Wenn ich unwillentlich Deine Wunden aufgerissen habe
Ich halte Dich in meinem Herzen.

Ich halte mich...
Wenn ich meinen Weg gehe
Wenn meine Wunden schmerzen...
Ich halte mich in meinem Herzen.

Halte mich...
Wenn ich meinen Weg gehe
Wenn mein Schmerz so groß ist,
dass ich mich selbst nicht halten kann
Halte mich in Deinem Herzen.

Liebe, Du hältst uns...
Wenn einer den anderen hält
Wenn wir uns selbst nicht mehr halten können.
Liebe, Du hältst uns in Deiner unvergänglichen
Weite.
Liebe - es tut so weh, meine Geliebte schon wieder
gehen zu lassen.

Liebe, Du weitest uns...
Dass unsere Schalen brechen
Und unsere Herzen über alle Weiten verbunden sind.

Liebe, Du machst mich sehend...
Für meinen Weg, für Deinen Weg
Und dass Du auf allen Wegen bist...
Nur habe ich mir manchmal etwa anderes davor gestellt.

Liebe, ich fühle Dich...
Du hältst mich in Deiner Weise.

Kirschblüten

Kirschblüten blicken unschuldig und rein,
strahlen voller Freude in den lichten Tag hinein,
öffnen sich Bienen, Hummeln, dem Sonnenschein,
wirbeln im Wind, fühlen im Innern den Keim.
So werden sie bald tiefrote Kirschen sein:
so reif, so voll, so tief wie dunkelroter Wein.
Der ganze Weg, er zeigt es so deutlich und fein:
Ob verrückt oder wild, normal oder groß oder klein –
stets ist's unschuldiges Sein!

Schwarze Rosen

In jenen fernen Landen,
Wo schwarze Rosen blühen,
Wo wir uns inniglich verbanden,
Dort haben wir uns nicht verziehen.

Und hier, wo bunte Rosen glühen
Und aller Freiheit Tore offen stehen.
Auch hier scheint schwarzer Rosenschatten
herzuWEHen.

Wir mussten stets getrennte Wege gehen
Und konnten dieses Band nicht sehen,
Das uns bei allen Fernen stets vereint.
Nur Trennungstränen haben wir geweint.

Die Fülle die uns stets begleitet,
Wenn wir uns über unsern Körper ausgeweitet –
Die sah'n wir nicht und mussten darben.
So hausten wir verkrustet unter Narben.

Doch eines hat uns stets verbunden:
Der Schmerz, der unverzeihlich' Weg des andern.
Es war ein geistig Band, das uns geschunden,
Das wir erzeugt, in uns gefunden:
Das Band der Leere – nun will es in die Fülle
wandern.

Heilige Pfeife

Sie kreist in der Runde,
Ein stetiges Wandern
Von Einem zum Andern,
Berührt jedem im Munde
Und fühlt Deine Wunde.
Sie bringt Dir die Kunde,
Dass JETZT deine Stunde:

Es ist jeder die Runde,
EIN Atem im Munde,
Balsam für jede Wunde,
Eine Ewigkeit ohne Stunde.

Ein stetiges Wandern
Von Einem zum Andern,
Von Ländern zu Ländern
In tausend Gewändern -
Dies führt Dich in das Sein
Der heiligen Pfeife hinein.

Bist EINS in allen Ländern und immer vereint,
Wenn kein Zweifel das Herz verneint.
Und hattest du schlaflose Nächte geweint,
Es hat sich stets auf den Klang Deiner Seele gereimt.

Hast Du in deinem Wandern die Welt umspannt
In allem deine vielen Farben erkannt,
Bist durch Sonnen und Tränen gegangen,
Wirst du alle als Regenbogen umfangen.

Sie kreist in der Runde,
Ein stetiges Wandern
Von Einem zum Andern,
Berührt jedem im Munde
Und fühlt Deine Wunde.
Sie bringt Dir die Kunde,
Dass JETZT deine Stunde.

Liebe

Weißt Du noch damals am Anfang... ?
Damals als alles begann...?

Dann sprachen die andern so gar nicht fein:
„Das war doch nur Verliebtes Sein,
Das nur durch rosa Brillen sieht,
Der grauen Wirklichkeit entflieht!
Jetzt, da du wirklich siehst den andern,
Jetzt geh, versuch mit ihm zu wandern!"

Ja, dann erwachst du aus der Wahrheit,
Und siehst die Welt mit all *der* Klarheit,
Wie alle sie schon sehen,
Die einsam oder mit einander gehen.

Grau ist grau ist Alltagshimmelblau
Schmetterlinge sind Schmetterlinge
Sie lachen nicht und tanzen nicht im Tau.
Ein Strick ist eine Schlinge
Ein Messer eine Klinge.
Grün ist grün,
Hat weder Klang noch Ton
Gut ist gut und schlecht ist schlecht
Was recht ist war schon immer recht –
So klingt der Alltagshohn.

Willkommen im alten Zuhause,
Was je dich angestoßen, weh getan,
Fängt erneut zu schmerzen an.

Wo ist die Freiheit dieser ersten Stunden,
Als alles Grau im Licht verschwunden?
Als Schmetterlinge lachten
Und Farben wundersame Klänge machten?
Als Wahrheit fühlbar war
Und jeder seine Größe sah,
Dass gut und schlecht verschwanden.
Da boten wir die Wunden dar,
Aus denen Blüten neu erstanden.
Und was uns angestoßen, ward uns Wind,
Der die Segel unsrer Boote blähte,
Der unsre Fahrt beschleunigte und wehte
uns zu neuen Ufern hin.

Wir sagten, fühlten, tanzten Ja!
Es war in jeder Stunde für uns da!
Jeder trug den Satz ich sich und sah:
„Ich leb' mein ganzes ICH
Und darin preise ich auch DICH."
Ein jeder eine Ewigkeit
Begegnung in der Endlichkeit!

Ein kraftvoll schwingender Ort.
Hier kannst du ALLES sehen
ALLES nehmen, ALLES geben –
Es ist ein grenzenloser Hort.

Liebe...
Immer wieder neues Erwachen
Immer, Liebe, wachst du in mir auf.
Bist Erwachen in die Träume,
Bringst mich wie in einem Nachen
Zurück in ew'ge Räume,
In den großen weiten Lauf.

Und ich erwache ...
Seh' dich täglich neu.
Und ich lache
Bin auch ein wenig scheu,
Wie viele Frauen in Dir leben,
Wie viel' Gesichter deine Seele weben,
Wie Sein und Werden sich die Hände geben.
Ich träume Deine große Wahrheit,
Ich schaue sie und fühle sie mit Klarheit.

Ich singe meiner ganzen Vielfalt Melodie,
Sie wohnet hinter allen Bergen,
Dort wo alle Städte, Wälder, Menschen nah,
Dort wo ich EINS so deutlich sah,
Dass keiner kann den Blitz verbergen,
Der Liebe heißt.
Sie öffnet aller Wahrheit Tore
Im Brandungsrollen,
Im spiegelnd weichen Meer.
Im Fluten, Ebben hin und her
Worin sie das Erblühen aller Menschen preist.

Worte

Worte
Träufeln
Träufeln
Aus der Zeit
Rinnen
In die Ewigkeit.
Flüstern stets die eine Frage:
„Bist du jetzt bereit?"

Immer klopft die Frage mir ans Hirn,
Will zerbrechen all die Enge meiner Stirn,
Will ins Meer des Körpers weichen,
Will zutiefst mein Herz erreichen.

Und ich – mich schützend – frage nur zurück:
„Wozu? Wer bin denn ich? Hans im Glück?"
Und das Andre hör ich nicht,
In der Ferne schimmert Licht.

Ja - ein leichtes Flirren über Meeresglanz
Summt die Worte „Nimm Dich ganz,.
Spür das Rauschen deines, meines Wellengangs.
Es eint dir alle Seiten deines Lebensklangs
Und formt die Melodie, die stets bereit,
Ein Ozean in Dir voll Ewigkeit."

Worte
Träufeln
Träufeln
Aus der Zeit
Rinnen
In die Ewigkeit.
Flüstern stets die eine Frage:
„Bist du jetzt bereit?"

Vorbei der tausend Tropfen Einsamkeit
Stürmen wir zur Wellengischt empor,
Folgen heiter in der tiefsten Meere Dunkelheit,
Die mein Inn'res bringt hervor.

Im Hin und im Her
Im atmenden Wellenmeer
Wandert das Jetzt –
Und das Jetzt atmet das Meer!

Es eilet vom Jetzt zum Hier
Und ruhet in allen Richtungen.
Es springt wie ein wildes Tier
Und sonnt sich in allen Lichtungen.
Ist eins mit dem Brausen,
Ist eins mit dem Ton,
Umfängt alles Sausen ...
Und ist schon davon.

Flirren über Meeresglanz,
Leichter warmer Wellentanz,
Hohe Wogen, tiefe Schlünde
Öffnen alle meine Wesensgründe.

Worte
Träufeln
Träufeln
Aus der Zeit
Rinnen
In die Ewigkeit.
Flüstern stets die eine Frage:
„Bist du jetzt bereit?"

Laurenz Hildebrandt

Laurenz Hildebrandt ist 1948 am Chiemsee geboren. Er ist Autor, Coach, Initiator und Veranstalter künstlerischer Events. Er war viele Jahre als Berater, Redakteur und Gestalter in der Industrie und im künstlerischen Bereich tätig.

Neben seinen drei bisher veröffentlichten Gedichtbänden hat er auch eine CD mit einer Auswahl seiner Gedichte produziert, die er pulsierend mit der Trommel vorträgt.

Neben seiner dichterischen Arbeit ist er mit ganzem Herzen Coach, Begleiter und Impulsgeber für andere Menschen, die eigene Wahrheit zu erfahren und zu leben.

Laurenz.hildebrandt@t-online.de

www.worldart-events.de

Bildnachweis

Ich danke allen sehr herzlich, die mir die folgenden Bilder für diesen Gedichtband zur Verfügung gestellt haben:

Weitere Veröffentlichungen von Laurenz Hildebrandt

So oder so – ist das Leben

(Gedichte 2005-2007)

So oder so – ist das Leben • *Geburtstag (Eulen)* • *Ich bin ein Kind des Waldes (Rumpelstilzchen)* • *König Laurins Rosengarten* • *Mitleiden* • *Herbst* • *Hände (Borneo)* • *Gesang des Orpheus* • *Mythen* • *Nacht II* • *Paradies* • *Der König vom Mummelsee* • *Christkind* • *Orphischer Anfang* • *Ödipus und die Sphinx* • *Worte* • *An Orpheus* • *Sturm* • *Reise* • *Das Welten-Ich* • *Buba*

Dieser Band enthält viele Balladen, welche Mythen, Sagen und Märchen neu erzählen: Sie werden entdeckt als Wegweiser für die Rätsel des eigenen Lebens und decken in vielschichtigen Bildern die Höhen und Abgründe auf - auf dem Weg zur Wahrnehmung der eigenen Größe. Authentisch und offen entschleiert der Autor sich selbst, um sich dann auf diesem Weg als ganz zu entdecken.

88 Seiten, ca. 20 meist farbige Abbildungen. BOD-Verlag, 13.- €
ISBN 978-3-8391-0652-5

94

Unter der Eiche
(Gedichte 2002-2004)

Unter der Eiche · Das Leid-Lied · Mitte · Erde · Buche · Fels · Geliebter Stein · Vogel · Et in Arcadia Ego · Wer bin ich? · Im Wald · Nachtgesang · Anovaoo'oh · Waldauge · Weiße Blüte · Unschuld · Fallen · Im Rosengarten · Begegnung · Dornen · Nacht · Sommer der Vergangenheit · Liebe brennt · Rosen · Liebe brennt · Wandlung

In den Gedichten aus dieser Zeit reflektiert sich der Autor im Wesen und den Elementen der Natur. Ein Weg, um das eigene Empfinden, das Wechselspiel von Enge und Weite zu begreifen, sich selbst in der Liebe zu erfahren. Naturerfahrung, Gedichte der Liebe, Gedichte aus Liebe, Einlassen auf sich selbst. Der Autor bewegt sich in seiner rhythmischen Sprache meist ohne Reime. Manchmal tauchen Reime auf, die wie ein zarter Wind durch Blätter streifen oder wie ein Sturm das Lebensfeuer weiter anheizen.

48 Seiten, BOD-Verlag, 8.- €. ISBN 978-3-8391-2670-7

95

Ausgewählte Gedichte
vom Autor pulsierend mit Trommel vorgetragen

CD mit 15 ausgewählten Gedichten

Worte · *Wer bin ich?* · *Deine Augen, meine Augen* · *Meine Ohren weinen* · *Das Welten-Ich* · *Erde* · *Geliebter Stein* · *Berg* · *Gesang des Wassers* · *Belle-de-nuit (Wunderblume)* · *Abend* · *Geburtstag (Eulen)* · *Et in Arcadia Ego* · *Orphischer Anfang* · *Ödipus und die Sphinx.*

Spieldauer ca. 74 min.

Zusätzlich auf der CD: Die 15 Gedichte als Gedichtband zum Ausdrucken mit farbigen Abbildungen (PDF-Datei). 20.- €

Erhältlich nur beim Autor: laurenz.hildebrandt@t-online.de

Lebensimpulse

Begleitung und Impulse in **Einzelsitzungen** und **Seminaren**, um die eigene Wahrheit zu leben, sich als ganz zu erleben.

Visions- und Projektfindung / Seine Vision leben

Für Paare oder Einzelpersonen: Konflikte, die von verborgenen Träumen sprechen – Verstrickungen lösen - Die innere Frau, den inneren Mann entdecken und leben - Von der Beziehung zur Liebe - Sich ganz leben und die Grenzenlosigkeit der Liebe erfahren...

Mythen und Märchen als Wegweiser: Vom Schicksal – Den Ruf (die Berufung) annehmen - Den Weg des Findens gehen ...

Atem-Meditation: Sich fühlen und ganz annehmen...

Energiemassage: Öffnen zu sich selbst – Sich selbst genießen...

Meine Arbeitsweise umfasst eine Vielzahl von Methoden, die u.a. aus der Bioenergetik, der Gestalttherapie, der Atemtherapie, Tanz und Klang der Seele, der Mythologie, der systemischen Aufstellung und anderen therapeutischen und kulturellen Bereichen stammen oder aus der eigenen Arbeit entstanden sind. Ich setze sie da ein, wo sie gebraucht werden und begleite jeden Menschen auf seinem Weg, um seine Fähigkeiten zu entwickeln, seine Melodie entdecken, seinen Lebenssinn zu verwirklichen.

Laurenz.hildebrandt@t-online.de